اللوبى الصهيونى

محاولة للفهم

ممدوح الشيخ

الكتاب: اللوبي الصهيوني: محاولة للفهم.

المؤلف: ممدوح الشيخ

المؤلف:

ممدوح الشيخ

مفكر

نشر له مئات المقالات والدراسات في عشرات الدوريات العربية.

صدر له أكثر من عشرين مؤلفاً في القاهرة وبيروت ومسقط.

نال جوائز مصرية وعربية في الشعر والمسرح والرواية.

"نحن متعاطفون مع إسرائيل بشكل عام لأنهم يبدون شديدي الشبه بنا فهم يتمسكون بالدين بشكل جدي، وهم مستعدون لمحاربة عدوهم فهم وطنيون وفخورون بدولتهم وهم مجتمع استيطاني يملكون حدوداً تشكل خطراً كبيراً عليهم".

<u>وليام كريستول</u>

<u>أحد مساعدى الرئيس الأمريكي</u>

<u>السابق جورج بوش الأب للسياسة الخارجية</u>

ما الذي يربط تل أبيب بواشنطن؟

سؤال ذهب العقل العربي كل مـذهب في محاولته الإجابة عنه، ما بـين تفسير ديـني يتأسـس علـى وجـود تحـالف ديـني مسـيحي يهودي يستهدف منطقتنا العربية الإسلامية، لأسباب دينية محض، وهو تفسير لا يعدم أن يجد ما يعززه من شواهد، وتفسير نفعي يرى المشـروع الصـهيوني مجـرد أداة اسـتعمارية

رأسمالية لا دين لها أو على الأكثر تتستر وراء ديباجات دينية يهودية بهدف حشد **"المادة البشرية"** التي يقوم عليها المشروع.

وبين هذا وذاك تفسيرات عنصرية تعطي أوضاع اليهود الشرقيين في الكيان الصهيوني مركزية كبيرة وتعتبرها دليلاً قاطعاً على أن لون البشرة يلعب دوراً أكبر من الدين واللغة.

والتفسير التآمري بطبيعة الحال حاضر دائماً وله أنصاره الكثر، وله بغير شك ما يبرره.

وأول ما يشوب هذه التفسيرات من قصور تغليبها عنصراً واحداً على حساب العناصر الأخرى في تفسير العلاقة بين

الولايات المتحدة والكيان الصهيوني، وكذلك في توصيف الصراع، والتوصيف أول مراحل التفسير.

فالصراع الدائر في المنطقة العربية صراع مركب ممتد. كما أن محاولة فهم العلاقة بين تل أبيب وواشنطن تحدث بعد أن تبلورت هذه العلاقة، فهي على المستوى المباشر الآني علاقة تحالف.

لكن أي تحالف؟

قد ينشأ تحالف بين عدوين لتحقيق هدف مرحلي، وقد يغير طرف ما تحالفاته بحيث يصبح عدواً لحليف من حلفائه السابقين، بينما العلاقة بين العاصمتين أكثر من مجرد تحالف.

فعندما كانت الولايات المتحدة الأمريكية أقل انخراطاً في السياسة الدولية كانت تقف موقفاً مناصراً بوضوح للمشروع الصهيوني، فصدر عن الكونغرس عام 1922 قرار يمكن اعتباره "وعد بلفور أميركي"، وهو ما يصعب الربط بينه وبين الاضطهاد النازي الذي يتخذ مبرراً لتعويض اليهود.

بل إن الولايات المتحدة الأمريكية حتى هذا التاريخ لم تكن قد بلورت مشروعاً واضح القسمات لدورها الدولي. وقد ورثت الولايات المتحدة الأمريكية – بعد الحرب العالمية الثانية – موقع بريطانيا في قيادة تشكيل حضاري هو الأهم على ساحة السياسة الدولية

هو "التشكيل الحضاري الإنجلوسكسوني البروتستنتي"، ويضم:

الولايات المتحدة الأمريكية.

بريطانيا

استراليا

نيوزيلندا

كندا (جزئياً)

الأقلية البيضاء في جنوب أفريقيا.

تحالف أم تشكيل حضاري؟

كانت صـورة العـالم خـلال الفترة التـي
تلت الحـرب العـالميـة الثانيـة متـأثرة إلـى حد
بعيد بالاستقطاب الثنائي الأميركي السوفييتي،
بحيث ظن كثيرون أن **"الأيديولوجيا"** حلت
محل **"الهوية"**، رغم أن الفترة نفسها حفلت

بمؤشرات عديدة على الدور القوي الذي تلعبه الهوية في صياغة التحالفات.

فمن المؤكد أن قرار فرنسا مثلاً ألا تشترك في الجناح العسكري لحلف الناتو لسنوات، وإصرارها على الاحتفاظ بغطاء نووي مستقل عن الحلف، ثم سعيها بعد ذلك لدفع مسيرة الوحدة الأوروبية للأمام، وهي تعلم يقيناً أن ذلك سيكون على حساب العلاقات الأميركية الأوربية يرجعان إلى إحساسها بتمايز على مستوى الهوية عن الولايات المتحدة الأمريكية وبريطانيا.

ففرنسا الكاثوليكية بل أكبر دولة كاثوليكية في العالم – رغم علمانيتها – لم تكن لتقبل دور التابع في حلف سياسي

عسكري تقوده دولتان تنتميان للتشكيل الحضاري الإنجلوسكسوني البروتستنتي هما الولايات المتحدة وبريطانيا، وبالمثل وجدت بريطانيا أن ما يربطها بالولايات المتحدة الأمريكية التي يفصلها عنها جغرافياً المحيط الأطلسي أوثق مما يربطها بالقارة الأوروبية، رغم أن المسافة التي تفصلهما أقل بكثير من مساحة المحيط الأطلسي.

وفي نهاية عام 1998 صدمت دول أوروبا عندما اكتشفت وجود تحالف سري إنجلوسكسوني بروتستنتي سري، وقد صدم حلفاء الولايات المتحدة الأمريكية الأوروبيون، لأنهم اكتشفوا أن استراليا ونيوزلندا القابعتين في أقصى شرق العالم

أقرب للولايات المتحدة الأمريكية من حلفاء ربطتهم بها عضوية حلف الناتو.

واكتشف الحلفاء الأوروبيون أيضاً أن الولايات المتحدة أنشأت مع هذه الدول شبكة تجسس هي الأكبر من نوعها في التاريخ، هي شبكة "إيشليون" التي تقوم باستهداف كل دول العالم بلا استثناء.

وبطبيعة الحال لم تجد بريطانيا – في إطار هذه الرؤية – أية غضاضة في أن تسهل للولايات المتحدة الأمريكية أن تتجسس على جيرانها الأوروبيين.

وقد كشف بول براكين أستاذ العلوم السياسية بجامعة يال الأميركية – وهو فضلاً عن ذلك كان مستشار معظم عمليات إعادة

التقويم التي أجرتها الحكومة الأميركية في حقبة ما بعد الحرب الباردة وضمنها تلك التي أجرتها وزارة الدفاع الأمريكية (البنتاجون) ووكالة المخابرات المركزية الأميركية (C.I.A) – كشف في كتابه: "**النار في الشرق: تزايد القوى العسكرية الآسيوية والعصر النووي الثاني**" عن حقيقة مثيرة هي أن الأوروبيين في حقبة الاستعمار والهيمنة قاموا بخلق وتحديد وتسمية حدود قارة آسيا، وكانت حدود ما سمي في الأدبيات الاستعمارية "**العالم القديم**" أقل وضوحاً من حدود ما سمي "**العالم الجديد**" الذي كانت تفصله عن قارات العالم القديم محيطات.

ومن الناحية الطبوغرافية كان من الممكن اعتبار آسيا وأوروبا قارة واحدة، فلا يفصل بينهما محيط أو بحر، لكن صانعي الخرائط فصلوا بينهما عند جبال الأورال اتساقا مع مناخ سياسي، لا بسبب ضرورات منطقية، أي أن الفصل بين القارتين في علم الجغرافيا فصل ثقافي وسياسي أساسه مفهوم للهوية.

وهو درس ينبغي استيعابه جيداً قبل تَـلقِّـي العلوم الاجتماعية الإنسانية الغربية عموماً متقبلين ما تدعيه لنفسها من حياد وعالمية.

ويضيف بول براكين بعداً آخر للقضية مشيراً إلى أن روسيا في القرن الثامن عشر

كانت تسيطر على ممالك أخرى خرجت للتو من حكم المغول، ولرغبتها في ألا تشوه هذه الممالك صورتها كدولة "**غربية**"، فقد سعت إلى أن تكون "**روسيتان**" إحداهما عصرية غربية والأخرى متوحشة لا تريد التخلص منها طمعا في ثرواتها.

ورغم ما أحدثه قيام الاتحاد السوفييتي من تغيير في بناء السلطة السياسية ونشوء دولة "**أممية**" حاولت صهر كل القوميات، فإن هوية روسيا بقيت تحت الجلد كواحد من أهم العوامل التي تصوغ السياسة السوفييتية.

وكانت الولايات المتحدة في حقبة الثمانينيات ــ والكلام لبول براكين أيضاً ــ تعتبر أن الاتحاد السوفييتي لن يعبأ (في حالة

نشــــوب صـــــراع نــــووي) إذا تعرضـــت أوزبكســتان أو كازاخســتان للصــواريخ، لــذا كانت الولايات المتحدة توجه صواريخها نحو "**روســيا الأوروبيـــة**" لضـــمان أن تحـــدث الضربة أقوى تأثير.

ولم يبق بعد هذه المعلومات المدهشة والصـادمة إلا أن نصـف التجربـة السـوفييتية التي ادعت أنها فوق القوميات بأنها "**الأمميـة العنصريـة**"!

ولا عجب في التنـاقض، فـالهرب مـن الهويـة حتـى لـو كـان للارتمـاء فـي أحضـان الأيديولوجيا يفجر المتناقضات.

محور تل أبيب - كيب تاون

لعل العلاقة التي كانت بين إسرائيل ونظام الفصل العنصري في جنوب أفريقيا تمكننا من أن نضع العلاقة بينها وبين الولايات المتحدة الأمريكية في سياق مختلف.

فقبل انهيار نظام الفصل العنصري في جنوب أفريقيا كانت الدولتان ترتبطان بعلاقة

شـراكة وثيقـة إلـى درجـة مدهشـة، ورغـم أن الطـرفين يجمعهمـا – كمـا ذهب كثيـر مـن المحللـين – كونهمـا منبـوذين فـي محيطهمـا الجغرافي فيمـا يعد حالـة مثاليـة من حـالات التناقض الواضح بين الجغرافيا والهويـة. فإن الأمـر كـان أعمـق مـن مجـرد تحـالف بـين منبوذين.

فالنظـام العنصـري وإسـرائيل كلاهمـا قـام علـى الاسـتيطان الإحلالـي بمعنـى عـدم الاكتفاء بالاستئثار بالسلطة السياسية وصـولاً إلـى إحـلال جماعـة بشـرية محـل "**السـكان الأصليين**"، وكلاهمـا نشـأ فـي إطار مصـالح التشكيل الإنجلوسكسوني البروتستنتي.

وترجم هذا التوافق نفسه على مستوى العلاقات بـين إسرائيل ونظام الفصل العنصري في جنوب أفريقيا إلى علاقة اعتماد متبادل في مجالات عديدة، فعلى المستوى التجاري كان نظام الفصل العنصري من أهم شركاء الكيان الصهيوني التجاريين، ولم يكن التعاون العسكري أقل قوة.

وقد ترجم هذا الميل في مواقف كثيرة، فمـثلاً أرسـل الكيـان الصـهيوني متطـوعين إسرائيليين ليحاربوا قوى التحرر الوطني في جنـوب أفريقيـا، وفي المقابـل أمـدت جنـوب أفريقيا حليفتها بالأسلحة وهكذا.

وبعد انهيار نظام الفصل العنصري في جنوب أفريقيا تحـاول الأقليـة البيضـاء الحفاظ

على علاقات متميزة مع إسرئيل، وأثناء انتفاضة الأقصى انضم متطوعون من الأقلية البيضاء في جنوب أفريقيا إلى إسرائيل لمساندتها في مواجهة الانتفاضة الفلسطينية، حيث ساعد هؤلاء في سد النقص في الوظائف المدنية الناجم عن استدعاء قسم من الاحتياطي للخدمة العسكرية.

فزوال النظام السياسي العنصري الذي كان يضع جنوب أفريقيا في سياق تشكيل حضاري ذي هوية مغايرة هو التشكيل الحضاري الإنجلوسكسوني البروتستنتي، لم يمنع أعضاء الأقلية البيضاء – أو على الأقل قسماً منهم – من أن يتصرفوا حسبما تملي

عليهم هويتهم، وهو ما لا سبيل لفهمه إلا بوضعه في سياقه الصحيح.

وعلى سبيل المثال يقول وليام كريستول، أحد مساعدي الرئيس الأمريكي السابق جورج بوش الأب للسياسة الخارجية:

"نحن متعاطفون مع إسرائيل بشكل عام لأنهم يبدون شديدي الشبه بنا فهم يتمسكون بالدين بشكل جدي، وهم مستعدون لمحاربة عدوهم فهم وطنيون وفخورون بدولتهم وهم مجتمع استيطاني يملكون حدوداً تشكل خطراً كبيراً عليهم".

فقانون ميل النفوس البشرية، وكذلك الدول في عالم السياسية، إلى من يشاركونها

الهوية نفسها، بما تعنيه من: رؤية للذات،
والكون، وما وراء الكون، والآخر و....،
قانون ذو تأثير لم يضعفه تأسيس السياسة
على المصالح، ولكنه للأسف لا يسري في
المنطقة العربية التي لا تحرك السياسة فيها لا
المصالح ولا الهوية!

اللوبي: الصيغة السحرية

لملء الفراغ الناجم عن تبسيط رؤيتنا للعلاقة بين الولايات المتحدة الأمريكية وإسرائيل ظهر مفهوم "**اللوبي**" كتفسير سحري لا يحتاج إلى أي جهد عقلي للتفسير.

و "اللـــوبي" مصـــطلح سياسـي متخصص شاع في الخطاب العام حتى كاد يكون كلمة دارجة، ومعناه في عالم السياسة **"جماعة ضغط"**. ويعد اللوبي سمة من سمات الديمقراطيــة الأمريكيــة التــي توصــف فـي الأدبيـــات السياســية بأنهــا **"ديمقراطيـــة جماعـات الضـغط"** حيــث لا تقـل جماعـــات الضـغط أهميـة عن الأحزاب، بـل قد تفوقها أهمية.

والتدافع السياسي الحقيقي في الولايات المتحدة الأمريكية هو بين جماعات الضغط العديدة، أمـا الحزبـان السياسـيان الأمريكيـان الكبيـران (الـديمقراطي والجمهـوري) فهمـا مدرستان لتخريج رجال قادرين على ممارسة

الحكم. وتجربة التداول بينهما تشير بقوة إلى اقتراب برنامج كل منهما من الآخر، حتى صار الحديث عن زوال الفروق بينهما حديثاً مكرراً في السنوات الأخيرة.

ولكون الحزبين الكبيرين لا يعبران – في حقيقة الأمر – عن تعددية سياسية تحكمها الاختلافات النظرية التقليدية (حتى حسب التصنيفات الراسخة في علم السياسة الغربي المدرسية: يمين – يسار – وسط)، فإن التعددية الحقيقية في السياسة الأمريكية هي تعددية مصالح تعبر عنها جماعات الضغط.

ونتيجة كثرة ترديد كلمة "**اللوبي**" مضافة إليها صفة "**الصهيوني**" يعتقد كثيرون أنه جماعة الضغط الوحيدة على

ساحة السياسة الأمريكية، رغم أن هناك جماعات ضغط تمثل مصالح العديد من الفئات (لوبي البطاطس – لوبي تجارة الأسلحة – لوبي تجارة النفط ..... وهكذا) .

أما مسمى **"اللوبي الصهيوني"** فينطبق على عدد ضخم من المؤسسات تستعين بأعداد كبيرة جداً من المتطوعين والمتفرغين وتنفق مئات الملايين من الدولارات سنوياً وتستخدم مئات الوسائل – المشروعة وغير المشروعة على السواء – للتأثير في صانع القرار، أي أن هذا اللوبي الصهيوني يصنع قدرته على التأثير من خلال جهود كبيرة لا من خلال مؤامرة غامضة تدور سراً في غرف مظلمة .

وغني عن القول تأكيد أن أهدافه رغم هذا الجهد تظل أهدافاً غير مشروعة. المفارقة الأكثر إثارة، وهي مفارقة لا يعرفها الكثيرون أن "**لوبي البطاطس**" مثلاً لا يقل حجماً ولا تأثيراً عن "**اللوبي الصهيوني**"!

بنية اللوبي الصهيوني

هنـاك خـلاف تـاريخي حول المحضن
التـاريخي الـذي نشـأ فيـه الارتبـاط بـين
الجماعـات اليهوديـة والقـوى الاستعمارية
الغربية عموماً، بعد أن كانوا لقرون يرتبطون
في الذهنيـة الغربيـة بالمسلمين ويتعرضـون
لأشكال مختلفة من الاضطهاد.

وقد ارتبط الكثير من الجماعة اليهودية تاريخياً بالحركة الصهيونية العالمية منذ ظهورها، وفي الولايات المتحدة الأمريكية أمكن توحيد قسم كبير من المنظمات اليهودية الأمريكية وراء البرنامج الصهيوني فى مؤتمر بالتيمور عام 1943.

وكان هدف الحركة الصهيونية واضحاً فى اكتساب موافقة الحكومة والشعب الأمريكي على البرنامج الصهيوني الخاص بإقامة دولة إسرائيل فى فلسطين، واتبعت الحركة سياسة (الدبلوماسية ذات الصوت العالي) في ذاك العام وأصبح لها "**لوبي تنظيمات الجماعة اليهودية**"، ويحتوى الكتاب السنوي اليهودي الأمريكي على أكثر

من 200 منظمة يهودية، وهو ما يجعل اليهود أكثر الأقليـات الأمريكية تنظيماً على صعيد المؤسسات الطائفية.

وهـذا التعـدد التنظيمـي يخفـى وراءه وحـدة فـى القيـادة والتخطيـط والتنسـيق مـن خـلال مجموعـة مؤسسـات علـى المسـتوى القومي. وتنقسم المنظمـات الأمريكيـة الداعمـة للكيـان الصـهيوني طبقـاً لطبيعتهـا ودورهـا كالآتي:

أ ـ منظمات صهيونية:

تضم أكثر من مليون يهودي أمريكي وتشـجع الهجـرة إلـى إسـرائيل، كمـا ترعـى الأنشطة السياسية والثقافية المناصرة لهـا،

وتساعد على بيع سنداتها وتجمع المال لحملات اتحاد النداء اليهودي.

وتضم 6 منظمات فرعية هي:

- **الوكالة اليهودية لإسرائيل**

- **المنظمة الصهيونية العالمية القسم الأمريكي**

- **الاتحاد الصهيوني الأمريكي**

- **منظمة هداسا (المنظمة الصهيونية النسائية فى أمريكا)**

- **المنظمة الصهيونية الأمريكية**

- **رابطة الصهيونيين الإصلاحيين بأمريكا.**

ب ــ منظمات طائفية:

تتمثل فى المنابر الكبرى ذات القاعدة الطائفية للنشاطات العلمانية ليهود أمريكا، وهدفها إدماج اليهود فى المجتمع الأمريكي وتضم 5 منظمات فرعية هي:

- مجلس الاتحادات اليهودية

- المجلس الاستشاري لعلاقات الطائفية اليهودية القومية

- اللجنة اليهودية الأمريكية وعصبة مناهضة الافتراء التابعة لمنظمة (بناى بريث)

- الكونجرس اليهودي الأمريكي.

جـ منظمات التمويل:

ومهمتها جمع المال من الجالية اليهودية، وجذب الاستثمارات إلى إسرائيل وتشمل 5 منظمات أهمها:

- النداء اليهودي المتحد
- اللجنة اليهودية الأمريكية للتوزيع المشترك
- الصندوق القومي اليهودي
- وصندوق قضية إسرائيل.

أما منظمات جذب الاستثمارات فهي أيضا 5 منظمات:

- **منظمة سندات دولة إسرائيل**
- **الشركة الإسرائيلية الأمريكية**
- **الشركة الاقتصادية الإسرائيلية**

- صندوق إسرائيل الجديد

- المنظمات التي تمولها مؤسسات خاصة.

د ـ منظمـــات ذات توجـــه خاص:

وتتركـز مهمتهـا علـى أهـداف خاصـة وتتسـم بالتطرف السياسي في دعـم الكيــان الصــهيوني وتشــمل 6 منظمات فرعية هي:

- عصبـة الصــداقة الإســرائيلية الأمريكية

- مؤسســة الشـباب للسـلام فـى الشرق الأوسط

- اللجنـــة القوميـــة للعمـــال فــى إسرائيل

- مجلس اتحـاد العمـال الأمريكي للهستدورت

- الأمريكيـون مـن أجـل إسـرائيل آمنة

- **المجلس القومي لإسرائيل الفتاة.**

وتركز هذه المنظمـات أنشطتها فى مناطق معنيـة بهدف كسب تأييدها وأبرزهـــا الجامعـــات والمعاهــد والمـدارس والنقابـات المهنيـة لاسيما أسـاتذة الجامعـات والكنـائس المختلفة: البروتستانت والكاثوليك والإنجيليون.

كـذلك بـين السـود وفـى وسـط الحركـة العماليـة ونقاباتها المختلفة.

وهناك أيضا مؤتمر رؤسـاء المنظمـات اليهوديـة الأمريكيـة الكبـرى، ويعد الصـوت الرسـمي ليهـود أمريكـا فيمـا يختص بالكيـان الصهيوني فى كـلا الميدانين القومي والدولي ويعتبر الذراع الدبلوماسية لها.

وتـتلخص مهامـه فـى شـرح وتبليـغ موقـف اليهـود والأمـريكيين إلـى الإدارة الأمريكية وصـانعي القرار السياسي ووسـائل الإعـلام وحكومـة إسرائيل والـدول والهيئـات الأخـرى، كـذلك شـرح وتبليـغ الموقـف الأمريكي إلى إسرائيل والطوائف اليهودية فى الدول الأخرى.

والمعهد اليهودي لشئون الأمن القومي ويستهدف البنتاجون والمؤسسة العسكرية الأمريكية ويقوم بدور همزة الوصل بين الطائفة اليهودية والمؤسسة الدفاعية فى واشنطن من خلال فئة مختارة من المحللين الدفاعيين فى واشنطن وبالتعاون مع المؤسسة الدفاعية الإسرائيلية.

عوامل قوة اللوبى الصهيونى

بالإضـافة إلـى جوانـب القـوة التنظيميـة
والمالية والسياسية، نجد أن هنـاك نـوعين مـن
عوامـل القـوة أولهمـا خـاص بطبيعـة النظـام
السياسي والمجتمع الأمريكي، ذلك أن النظـام
الرئاسـي الحزبـي أعطـى الفرصـة لنشأة كثير

من جماعات الضغط، وهو ما ساعد اللوبي الصهيوني بخصائصه المعروفة على فرض مطالبه السياسية.

أما العوامل الخاصة بالجماعة اليهودية الأمريكية فتتمثل فى وجودهم على قمة الهرم الاجتماعي الأمريكي حيث يشكلون 34 % مـن بـين أغنـى 475 عائلـة فـى أمريكـا يسيطرون على كبريات الشركات الصناعية والتجاريـة النافـذة إلى دوائـر صنـع القـرار السياسي.

وأبرز هذه العائلات:

- **ادجار بروفنمان رئيس المجلس اليهـودي العـالمي ويسـاهم فـى دعـم ميزانيـة حـزب العمـل**

الإسرائيلي والحزب الديمقراطي الأمريكي .

- آل أننبرج ويعتبر من أكبر المتبرعين للحزب الجمهوري كما يمول عدة مراكز دراسات وأبحاث سياسية ومؤسسات صحفية فى واشنطن .

- آل كراون وهى أسرة يهودية معروفة فى مجال الصناعة الحربية ولها صلات قوية بسلاح الطيران الأمريكي .

- آل لودر وتملك أكبر الشركات العاملة فى مجال العطور وتولت

شخصيات من الأسرة مناصب سياسية رفيعة فى إدارة ريجان.

وتتجلى قوة اللوبي الإسرائيلي فى مظهرين رئيسين:

الأول:

قوة موارده وضخامتها داخل أمريكا وخارجها والتي أصبحت تشكل أبرز مراكز التأثير فى العملية السياسية. ويرجع ذلك إلى الموارد المالية الضخمة والنفوذ القوى الذي يتمتع به اليهود فى سوق المال والأعمال (وول ستريت) والشركات العملاقة فى ميادين الصناعات الحربية النفطية والتكنولوجيا والأسر الثرية والبنوك.

الثاني:

مــوارد إعلاميــة كبيــرة فــى مجـال الصناعة الإعلامية والإنتاج السمعي البصري والسينمائي. ولقد كـان لـذلك تـأثيره القوى فـى القنــوات والهيئـات السياسـية كـالأحزاب والجمعيـات المهنيـة ومراكـز البحـث والاستشارة، حيث يمتد نفوذه الضـاغط إلى قمـة هـرم الدولـة (البيـت الأبيض) ومختلف أجهـزة صنـع القـرار السياسـي فـى الإدارة والكونجرس ومجلس الأمن القومي.

وتنضوي تنظيمـات اللوبي الإسرائيلي تحـت مظلـة اللجنـة الأمريكيـة الإسـرائيلية للشئون العامـة (ايبـاك) وهي اللوبي الرسمي الوحيد المسجل والمكلف بمهمة الدعاية لدعم إسرائيل باسم الطائفة اليهودية.

وتضم هذه اللجنة (38) منظمة يهودية أمريكية كبرى تمثل 5.4 مليون نسمة وتتفوق على أي منظمة أمريكية أخرى فى اتخاذ المواقف وقيادة الحملات التي تعكس مواقف الحكومة الإسرائيلية.

وتطبق ايباك أساليب مركزة للضغط على اتخاذ القرار بصورة نظامية راسخة لاسيما فى الكونجرس ولجانه بالنظر لتأثيرها فى نتائج الانتخابات. لذلك يحرص الرئيس ونائبه ووزراؤه على حضور اجتماعاتها السنوية. وقد أثمرت جهودها وجود 11 سيناتور يهودي في مجلس الشيوخ المكون من 100 عضو بنسبة 11 % رغم أن عدد اليهود 5.5 ملايين فى الولايات المتحدة بنسبة

2,4 % مـن السـكان وبمـا يعنـى أن اليهـود ممثلـون فـى الكـونجرس بحـوالي خمسـة أضعافهم.

كمـا أظهـرت الإحصـاءات أن 24 % مـن الأمريكيين فقط كـانوا يقبلون التصويت لمرشح يهودي قبل 50 عاما إلا أن هذه النسبة ارتفعـت حاليـا إلـى 92 % بفضـل قـوة التنظيمـات اليهوديـة ومـا تتمتـع بـه مـن نفوذ إعلامي وسياسي كبير.

حقيقة الصوت اليهودي

بطبيعة الحال لا يمكن نفي دور اللوبي
الصهيوني نفياً تاماً، ونشير هنا إلى موقف
مـن المواقـف الفاصـلة فـي تـاريخ علاقـة
الولايـات المتحـدة بالمشـروع الصـهيوني
ظهـرت فيـه علـى لسـان الـرئيس الأمريكي
هاري ترومـان مقولـة "الصوت اليهودي"

كتفسير وحيد لانحياز أمريكي سافر للكيان الصهيوني كـاد يعـرض مصـالح الولايـات المتحدة للخطر.

ففي عـام 1943 عقـدت سـراً قمـة أمريكيـة سـعودية بـين الملك عبد العزيز بـن سعود والرئيس الأمريكي روزفلت على ظهر طـراد أمريكـي فـي البحيـرات المـر بمصر، وكانـت ترتيبـات مـا بعـد الحـرب أهم مـا دار النقاش حوله فتحدث روزفلت عن مـا أسماه **"مأساة اليهود"** تحـت حكم النـازي ورغبـة الدول الغربيـة فـي إنشـاء **"وطن قومي"** لهم في فلسطين.

فلمـا اصطدم برفض صـارم من الملك عبد العزيز وعده ألا تتخذ الولايات المتحدة

الأمريكية أي إجراء في هذا الشأن إلا بعد الرجوع للعرب. وبعد قليل من عودته للولايات المتحدة توفي روزفلت وجاء ترومان الذي تنكر لذا التعهد وانحاز للمشروع الصهيوني.

وعندما طلب عدد من السفراء الأمريكيين لقاءه لتنبيهه لمخاطر الانحياز التام للصهاينة على المصالح الأمريكية في المنطقة كان رده أنه لا يوجد بين ناخبيه عرب ولا يستطيع أن يغامر بفقد "الصوت اليهودي".

والصوت اليهودي حقيقة من حقائق السياسة الأمريكية، لكنه هو الآخر كان موضوعا لعمليات تضخيم، فاليهود الذين

يشكلون 2,4 % من سكان الولايات المتحدة الأمريكية وتتمثل قوتهم الانتخابية، أولاً فى أن نسبة مشاركتهم فى الانتخابات التي تصل إلى 92 % بينما لا تزيد هذه النسبة بين باقي الأمريكيين عن 20 – 25 % في انتخابات الكونجرس و54 % في الانتخابات الرئاسية.

وقد استفاد اليهود بقوة من النظام الانتخابي الأمريكي المعقد الذي يعطى القوة لقلة من المدن والولايات على حساب الأكثرية حتى تدار الحياة السياسية بالنخب المفكرة التي تنبع قراراتها من ترجيح المصالح وليس تغليب العاطفة.

فنظراً لانتخاب الرئيس من خلال المجمع الانتخابي (538) عضواً يمثلون

سـكان الولايـات المتحـدة نجـد أن (255) عضـواً يمثلون 15 ولايـة ذات كثافـة سكانية عالية – حيث تتركز التجمعات اليهودية فيها – مثل كاليفورنيا وبنسلفانيا وأوهايو وتكساس .. وغيرها،

والمرشـح الـذي يفقـد الأصـوات فى إحدى الولايـات ولـو بصـوت واحـد يخسـر أصوات الولاية بالكامل فى المجمع الانتخابي وهو مـا يؤثر علـى نجاح المرشـح حتـى لـو حصـل علـى أغلبيـة الأصـوات الأمريكيـة فـى الولايات الأخرى.

كمـا أن وجـودهم المـنظم فـي بعـض الولايات الهامة انتخابياً يعطي أصواتهم أهمية خاصة، فهم يشكلون:

4,8 % من ناخبي واشنطن

و 4,7 % من ناخبي فلوريدا

و 5,9% من ناخبي نيوجيرسي.

أما وجودهم في نيويورك فيعد حالة مثالية إذ يشكلون 16 % من السكان و 3 % من السكان البيض، بما يعني أن المرشح الذي يتوجه للناخبين البيض فيها مقابل السود والهيسبانيك لا يستطيع تجاهل "**الصوت اليهودي**".

لكن مما يستعصي على التفسير في إطار الاتكاء على مقولة "**الصوت اليهودي**"، هذا الانحياز السافر من رؤساء أمريكيين لم يصلوا للبيت الأبيض بسبب

مساندة هذا الصوت، كالرئيس الأمريكي جورج بوش الابن الذي تعد إدارته من أكثر الإدارات الأمريكية انحيازاً للكيان الصهيوني رغم أن الصوت اليهودي ذهب معظمه إلى المرشح الديمقراطي آل جور.

كذلك لا تصلح مقولة "**الصوت اليهودي**" لتفسير انحياز سافر من رئيس أمريكي للكيان الصهيوني في فترة رئاسته الثانية. فإذا كان الانحياز يحدث استجابة لضغوط جماعات ضغط فلماذا لا يتخلص منه الرئيس الأمريكي – ولو نسبياً – في فترة رئاسته الثانية؟.

بل إن الاكتساح الصهيوني للحزب الجمهوري بعد عقود من استقرار حقيقة أن

"**اللـوبي الصـهيوني**" يقـف فـي صـف المرشـحين الـديمقراطيين، يظـل ثغـرة فـي الكيفيـة التـي نـدرك بهـا ظـاهرة النفـوذ الصهيوني عموماً.

تبادل المواقع بين الجانى والضحية

لانتشــار مقولـــة اللـــوبي الصـــهيوني كتفسير لانحياز الولايات المتحدة الأمريكية لإسـرائيل مردوداتــه علـى الـوعي العربـي بـالآخر والـذات معـاً، فتعبيـر "اللـوبي الصهيوني" تجاوز مرحلة الانتشار الواسع في معظم شرائح المجتمع العربي ليتحول من كلمة شائعة إلى "صيغة سحرية" قادرة على تفسير على كل شئ.

والولايـات المتحـدة الأمريكيـة – وفـق هـذه الصـيغة السـحرية – ليسـت سـوى فيـل

ضخم (ولا بأس أن نضيف أنه غبي) يتحكم فيه تماما هذا الفأر الصهيوني (ولا بأس أن نضيف أنه عبقري). وهذه الصياغة المتهكمة هي للمفكر الراحل الكبير الدكتور عبد الوهاب المسيري.

وبهذا التبسيط المريح نصبح أمام عدو لا يمكن أن يقهر، فمن العبث أن نتصور أن قوة في العالم العربي – رسمية كانت أو شعبية – يمكن أن تهزم هذا اللوبي الخارق.

وضمنا تستحق الولايات المتحدة الأمريكية نفسها أن نعتبرها **"مسكينة"**، فهذا اللوبي الجهنمي لم يترك لها حرية أن تختار، فهي مخترقة مستلبة، مجرد ضحية تحتاج من

ينقــذها، وكمــا يقولــون "فاقــد الشـــيء لا يعطيه".

وبالتالي لا معقولية لأن يتوجه أحد إلي الضحية مطالباً إياها بأن تنقذ ضحية أخرى هي فلسطين!

وبالسهولة نفسها التي ننطق بها كلمـة لـوبي نتجـرع هـذا التفسـير البسـيط بسـاطة الانتحـار، فهذا اللوبي الخارق مسيطر علـى كل المفاتيح. ومـا تؤدي إليه هذه القناعة من نتائج على المستوى العربي لا يقل خطورة.

فوفقا لهذا المنطق في التفكير والتفسير يكون ما وصل إليه حال المنطقة العربية على كل المستويات نتيجة مباشرة لإحدى مقدمتين:

الأولى: أن واقع الفقر والتخلف فرضه علينا الغرب نتيجة سيطرة اللوبي الصهيوني عليه، وتقع مسئوليته على القوى الاستعمارية وحدها، ومن ثم فهو وضع لم تشارك في الوصول إليه سياسات رسمية عربية فاشلة وثقافات بررت القهر و الفساد.

وكل ما نحتاج إليه بناء على ما تقدم أن يتخلى الغرب عن تآمره علينا، وعندئذ نصبح، على الفور، أعظم أمم الأرض!

الثانية: أن الغرب اخترقنا حتى النخاع وسلم مقدراتنا للوبي الصهيوني، فإذا تخلصنا من هذا الاختراق أمكننا أن نصبح أعظم أمم الأرض!

ونحـن – حسـب تصـور الفـريقين – أعظم أمم الأرض، ولسنا أقل مـن ذلك بـأي حال!

والتصور الأول غاضب صـاخب يعبر عنـه أصـحابه فـي خطـاب صـدامي حاشـد، والثـاني تصـور تبريري مـذعن وهو غالبـاً هامس، فهو حديث الغرف المغلقة ينقله الثقاة إلى الثقاة سراً حتى لا يتسـرب إلى اللوبي الصهيوني المتغلغل في كل شبر!

وكلاهمـا للأسف الشـديد لا يعبـر عـن حالـة إنسـانية سوية، فليس بإمكـان أحد (ولا أمـة) أن يكـون حديثـه همسـاً دائمـاً أو صـراخاً غير منقطع.

ومما يجافي المنطق والأمانة تصور أن هذا الكلام يعني التهوين من شأن اللوبي الصهيوني، فهو بكل المعايير واحد من نماذج النجاح الكبيرة في تاريخ السياسة الأمريكية، لكن نجاحه ليس معجزة تترك الألسنة معقودة، والعقول مشدوهة، بل هو تجربة إنسانية يجري عليها ما يجري على كل شأن إنساني من القصور والنقص.

ومن الطبيعي أن يكون بها ثغرات يمكن النفاذ منها ونقاط ضعف يمكن توجيه الهجوم إليها، وفي التقييم النهائي يمكن هزيمتها ولو على المدى البعيد.

واختصار الغرب كله – أو حتى الولايات المتحدة الأمريكية – في اللوبي

الصهيوني يبعدنا عن معركتنا الحقيقية في مواجهة **"لوبي العجز العربي"**، هذا الذي يسجن قدراتنا ويجعل القسم الأكبر من نتاجنا الثقافي والسياسي قصائد عصماء تتوزع على غرضين من أغراض الشعر العربي لا ثالث لهما:

البكاء على الأطلال

وهجاء الدهر.

فالتغيير نحو الأفضل يعني مواجهة الذات بالقدر نفسه الذي يعني مواجهة الآخر، وهو ليس قراراً سياسياً فوقياً بل تغيير ثقافي اجتماعي عميق ينضج عبر مراحل ممتدة .

وهذا اللوبي وحده هو الذي يمكن أن يوصف بأنه القوة الأكبر في الواقع العربي،

وهو يسيطر على – لا على القرار السياسي
وحسـب – بــل علــى الفعــل العربــي كلــه:
السياسـي، والثقـافي، والاجتمـاعي علــى
السواء!.

نقاط التحول

إذا أردنا تأسيس وعي بديل، أكثر قدرة
على التفسير وأكثر احتراماً لعقولنا، وأكثر
اتساقا مع السنن الكونية، فينبغي العود للوراء
قليلاً لإعادة النظر في جملة من الحقائق التي
تتعارض تعارضاً صارخاً مع مقولة اللوبي

بل ربما تعارضت مع مقولة "**النفوذ الصهيوني**" كلها.

ولنبدأ بالتوقف أمام بعض الحقائق التاريخية، وأول هذه الحقائق أن إسرائيل حصلت على دعم سخي من النظام النازي في الوقت الذي كان فيه هتلر يتخلص من اليهود – ضمن أقليات أخرى – بالتهجير والإبادة، إذ كان يرى في نشأة إسرائيل حلاً لمشكلة النقاء العرقي الألماني، وهذا التعاون الصهيوني النازي لا يمكن رده إلى أي نفوذ يهودي أو صهيوني.

كما أن أول وحدة عسكرية صهيونية في فلسطين المحتلة كانت اشتراكية وسارع الاتحاد السوفيتي للاعتراف بالكيان

الصهيوني. أما فرنسا فتحالفت معه عام 1956 ومنحته ما لم تمنحه الولايات المتحدة الأمريكية آنذاك، وهو التحول إلى قوة نووية.

فهل يمكن تصور أن تكون مثل هذه المواقف وغيرها نتيجة النفوذ الصهيوني في الولايات المتحدة؟

أو أن السياسة في هذه العواصم المختلفة يصنعها هي الأخرى "**اللوبي صهيوني**".

وحسب ضابط الموساد المنشق فيكتور أوستروفسكي[1]. فإن للموساد دوراً تاريخياً في دفء العلاقات بين الجانبين.

إذ يرجع ذلك في جانب منه إلى عمل مكثف بدأه الموساد في الستينيات. فخلال ذلك

العقد الحافل كان من الواضح للجميع أن الساحة السياسية الأمريكية تتسم بخصائص معينة من زاوية النظر الإسرائيلية، منها اثنان مهمان بصفة خاصة.

الخاصية الأولى:

أن الحزب الديمقراطي عرف بدعمه التاريخي لإسرائيل، أما الحزب الجمهوري الذي يرتكز على تيار سياسي جنوبي محافظ، فقد عرف بتبنيه سياسة حذرة تجاهها بل بعداء بعض رموزه لليهود.

الخاصية الثانية:

كانت ميل الأغلبية الساحقة من الجالية اليهودية الأمريكية إلى تبني مواقف ليبرالية

أساسها دعم الحزب الديمقراطي أو منظمات سياسية أخرى ذات مسحة يسارية أو ليبرالية.

ومـع احـتـلال إسـرائيل كـل أراضـي الضفة الغربية وقطاع غزة، فضلا عن سيناء والجـولان، وذلـك بعـد حـرب 1967، بـدا واضحا أن **"المرحلة المقبلة"** أمـام إسرائيل هي تهويد الضفة والقطاع وهضمهما تماماً.

وحين قيل لجولدا مائير آنذاك:

"لكن ماذا عن الشعب الفلسطيني؟"

أجابت ببرود:

"ليس هنـاك شـعب يسـمى الشـعب الفلسطيني".

وحين سـئلت عمـا إذا كـان الكيــان الصـهيوني سينسـحب مـن الضـفة والقطـاع، أجابت باللهجة نفسها:

"لم أسمع يوما عن بلد ينسحب من أرضه " .

وقد بدأ الموسـاد عمليـة سياسـية معقدة لـن تلبث بعد ذلـك أن تثمـر نتـائج أفضل مما توقع منها أكثر المتفائلين، فقد بدا واضـحاً أن من الضروري **"إعادة نشر"** الجالية اليهودية الأمريكيـة علـى نحـو أكثـر توازنـاً، أي بـين الحـزبين الأساسـيين ولـيس لحسـاب الحـزب الديمقراطي وحسب.

مـن جهـة أخـرى حدث أمـر عرضي، جاء من قبيل المصادفة، لكنه تطور بعد ذلك

إلى أحد أنجح عمليات الموساد في الولايات المتحدة الأمريكية من زاوية النتائج السياسية، وتَـلخَّـص هذا الأمر في أن الرئيس جونسون طلب من الكيان الصهيوني بعد حرب 1967 أن "**يـرد لـه الجميـل**"، أي أن يمنحـه مقابلاً سياسياً لقاء الدعم الذي قدمـه لهـا في حرب 1967 بأن تبذل جهداً وسط صفوف الجالية اليهوديـة الأمريكيـة لحـث هـذه الجاليـة علـى تخفيف معارضتها لحرب فيتنام، بل لدفعها – إن أمكن ذلك – لدعم هذه الحرب.

وكـان رأي الـرئيس جونسـون – كمـا أبلغه لجولدا مائير آنذاك – هو أنـه لا يستطيع أن يفهم كيف يؤيد اليهود الأمريكيون القوات الشـيوعية فـي فيتنـام، وهـي قـوات يـدعمها

الاتحاد السوفييتي، بينما موسكو هي الخصم الأساسي الذي يمد العرب بالأسلحة.

وحتى العام 1967 كان موقف اليهود الأمريكيين من إسرائيل يتسم باللامبالاة .

ويصف أوسترفسكي ما حدث بأنه **"اختراق للجالية اليهودية"**، فالموساد تحرك بسرعة لتنفيذ ما طلبه جونسون لشق الجالية اليهودية الأمريكية وإبعادها عن معارضة حرب فيتنام.

وكان من الصعب العثور على مدخل لتنفيذ هذا المشروع الطموح، فأغلب يهود الولايات المتحدة كانوا ينتمون إلى تيارات ليبرالية تعارض الحرب من حيث المبدأ، أو إلى تيارات يسارية تؤيد الاتحاد السوفييتي.

وبــات مــن الضـروري البحـث عـن منظمــات ـ يسـارية أيضــاً ـ لتنفيـذ هـدف الموساد، وقد تَحتَّم أن تكون هذه المنظمات يسارية لأنه لم يكن هناك أي وجود لمنظمات اخـرى علـى السـاحة اليهوديـة فـي الولايـات المتحـدة الأمريكيــة، كــان الجميــع يســاريين بألوان ورايات مختلفة.

ومـن بـين تلك الرايات ظهرت رايـة معينــة بـدت ملائمــة ليبـدأ منهـا الموسـاد مشروعه، تلك هي راية "**التروتسكيون**"[2].

وكان تروتسكي يعتبر أن حكم ستالين هو ديكتاتورية بشعة يجب القضاء عليها، وأن الاتحـاد السـوفييتي كـائن مشـوه يتحتم تدميره لإعادة بناء دولة شيوعية حقيقية.

ووجد الإسرائيليون والأمريكيون في مواقف التروتسكيين المعادية لموسكو وللاتحاد السوفييتي حليفاً مرحلياً واعداً، فقرروا استخدام هذا التيار السياسي لسحب بساط التأييد لموسكو بين صفوف اليساريين أنفسهم.

وما لبث الموساد أن طور هذه الفكرة بصورة خلاقة، فقد بدأ في اختراق الجماعات اليهودية التروتسكية، أو الجماعات التروتسكية التي يوجد بها عدد كبير من اليهود، وبدأ عملية حشدهم ليس فقط لوقف الدعم لحرب فيتنام، ولكن لدعم المشروع الإسرائيلي بالتهام الضفة والقطاع، وذلك بدعوى أن الاتحاد السوفييتي – أي ذلك البلد

الذي اعتبره تروتسكي كائنا مشوهاً ومتوحشاً بسبب ما أسسه ستالين داخله – يقف وراء إجهاض المسارين معاً، أي الانتصار الأمريكي في حرب فيتنام، وتحقيق إسرائيل لحلم "اسرائيل الكبرى".

وكان ما يقال للتروتسكيين الأمريكيين أمرا يشبه العبارات التالية:

"إذا كان الاتحاد السوفييتي الذي أسسه ستالين – قاتل تروتسكي – نظام رجعي وقمعي، فإن من الضروري معارضة ما يفعل في فيتنام – أي دعم قوات الفييت كونج الشيوعية – وما يفعله في الشرق

الأوسط لدعم الدول العربية التي تريد شن الحرب ضد إسرائيل وإزالتها".

وهكذا تم نقل العديد من التروتسكيين الامـــريكيين إلـــى أرض دعـــم الحكومـــة الأمريكيـــة، ومـــن ثـم دعـم أسس النظام الأمريكي التي تتنـــاقض مـع أسس النظام السوفييتي، أي دعـم حريـة التجـارة وابعـاد الدولة عن التدخل.

وذلك لأن كل هذه الأسس تنـــاقض مـا دعا إليه ستالين وما فعله من الوجهة العملية.

قمة الهرم أولاً

بـدأت عمليـة الموسـاد فـي الـ "**سـيتي كوليج**" في نيويورك وهي كلية تابعة لجامعة نيويورك كانت تعد مركزاً للنشاط التروتسكي فـي الولايـات المتحـدة الأمريكيـة آنـذاك، ومـن هنـاك تـم توجيـه نشـطاء مـن أمثـال ايـرفينج كريســتول – الــذي يعــد الآن أحــد أبــرز

الصحفيين الأمريكيين – ونورمان بودهوريتز مؤسس مجلة "**كوفنتري**" اليهودية الأمريكية المعروفـة، وزوجتـه ميـرج ديكتـر، وناتـان جلازر ودانييل بيل، وهم جميعاً ممن تحولوا بعد ذلك إلى نجوم حركة ما سوف يسمى في وقت لاحق "**تيار المحافظين الجدد**".

وبعـد أن قـام هـؤلاء بتأسـيس منظمـة تدعى "**لجنـة العالم الحر**" اتسع نشاط هذه اللجنـة بسبب الدعم الذي تلقتـه مـن الموسـاد ومن المخابرات المركزية فخرجت عن نطاق اليهـود رغـم تركيزهـا علـيهم واحتفـاظهم بقيادتها لتضم عناصر أخرى، فالتحقت بها مثلاً جين كير كباتريك التي ستصبح سفيرة الولايات المتحدة الأمريكية في الأمم المتحدة،

والأخوين والت وايوجين روستو وريتشارد بيرل وايليوت إبرامز وكينيث آدلمان، وهي أسماء تألقت في فترات لاحقة في سماء المسرح السياسي الأمريكي.

لقد كان ذلك بمنزلة **"مصنع"** للقيادات السياسية أو للكوادر التي بوسعها أن تتبنى موقفاً أيديولوجياً متماسكاً في الدفاع عن سياسات محافظة وفي دعم التوسع الإسرائيلي في الأراضي الفلسطينية.

وما لبث هذا المصنع ان تحول الى تيار سياسي عريض، وبخاصة مع احتدام المواجهة بين الولايات المتحدة الأمريكية والاتحاد السوفييتي في السبعينيات والثمانينيات، ثم ما لبث أن شارك بفعالية في

تحقيق انتصار سياسي كبير كان بمنزلة نقطة تحول ليس فقط في تاريخ هذا التيار السياسي ذاته، لكن في تاريخ الولايات المتحدة الأمريكية السياسي أيضاً.

لقد حمل المحافظون الجدد – ضمن تحالف من القوى الأخرى – أول رئيس "**محافظ جديد**" إلى البيت الأبيض هو رونالد ريجان، وظفر الجميع بتعيينات مؤثرة في الادارة الجديدة، فحصلوا مثلاً على:

الخارجية مثلاً	جورج شولتز
الأمن القومي	ريتشارد آلان
الأمم المتحدة	جين كير كباتريك

. . ومواقع أخرى كثيرة .

وعلينا أن نلاحظ أن جورج بوش الأب لم يكن ينتمي الى تيار المحافظين الجدد لكنه ينتمي إلى التيار المحافظ التقليدي القديم. وقد انتخب بوش بعد رحيل ريجان عن البيت الأبيض وجاء انتخاب الرئيس الجديد ليضع في البيت الأبيض أجندة تختلف جزئياً عن أجندة المحافظين الجدد.

ففيما كان المحافظون الجدد يدافعون – بصورة عمياء – عن اسرائيل وعن ضرورة مواجهة الاتحاد السوفييتي، فإن جورج بوش كان يدافع عن المصالح الاستراتيجية الأمريكية فحسب كما يراها – حتى وإن تصادمت مع اسرائيل.

كان الاتحاد السوفييتي قد ذهب، وظن بوش الأب أن بوسعه ان يمضي قدماً دون الاعتماد على المحافظين الجدد، وربما كان بوسعه ان يفعل ذلك حقاً، لكن الركود الاقتصادي الأمريكي آنذاك أدى إلى أن يكتسب انصراف المحافظين الجدد عن دعمه وزناً أكبر.

وأخفق بوش الأب في انتخاباته الثانية. خلال ذلك كان الموساد قد درس بعمق نتائج "تجربته" مع المحافظين الجدد وقرر – بسبب نجاحها الكبير – تكرارها على الجبهة الدينية، فعمل على دعم فرقة دينية متطرفة تسمى الكنيسة الايفانجليكية، ووثق علاقته بأبرز قادة هذه الكنيسة، وعلى رأسهم جيري

فالويل، ثم حث المنظمات اليهودية الأمريكية على تقديم دعم مالي كبير الى هذه الكنيسة التي كانت ترتكز على معتقدات تدعم اسرائيل – لأسباب دينية – بصورة مفتوحة.ذلك ان الايفانجليكيين يؤمنون بأن المسيح سيعود إذا ما نشبت **"حرب هرمجدون"** التي ورد ذكرها في الانجيل، وهم يقولون إن عبارات الانجيل توضح أن هذه الحرب لن تنشب إلا بسيطرة اليهود على أرض إسرائيل الكبرى، وتوحيدهم للقدس، وإعادة بناء هيكل سليمان.

حين ذلك سيقوم خصومهم بشن الحرب عليهم، ويعود المسيح لتبدأ نهاية العالم، فيذهب أتباعه الى الجنة، ويذهب الآخرون إلى النار.

(1) فيكتور أوستروفسكي ضابط أعلن تمرده على الموساد في الثمانينيات ووضع كتاباً بعنوان: "عن طريق الخداع" كشف فيه الكثير من أساليب المخابرات الإسرائيلية مما أدى إلى تعرضه لمحاولتي اغتيال بالاضافة إلى عشرات التهديدات بالقتل مما اضطره إلى اللجوء السياسي إلى كندا.

(2) التروتسكية تيار سياسي أطلقه ليون تروتسكي أحـــد أقطاب الثورة البلشفية في روسيا الذي انشق عن ستالين بعد ذلك، ثم فر من الاتحاد السوفييتي إلى أمريكا اللاتينية، ولكن ستالين أرسل رجالـــه إلى هناك حيث تمكنوا من اغتيال تروتسكي.